Pe. JOSÉ MARQUES DIAS, C.Ss.R.

12 ENCONTROS MISSIONÁRIOS

Para o mês missionário extraordinário em outubro de 2019

Direção editorial:	Pe. Fábio Evaristo R. Silva, C.Ss.R.
Coordenação editorial:	Ana Lúcia de Castro Leite
Copidesque:	Bruna Vieira da Silva
Revisão:	Sofia Machado
Diagramação e Capa:	Mauricio Pereira

ISBN 978-85-369-0586-0

1ª impressão

Todos os direitos reservados à **EDITORA SANTUÁRIO** – 2019

Rua Pe. Claro Monteiro, 342 – 12570-000 - Aparecida-SP
Tel.: 12 3104-2000 – Televendas: 0800 - 16 00 04
www.editorasantuario.com.br
vendas@editorasantuario.com.br

APRESENTAÇÃO

Caros leitores, apresento-vos o livro "12 Encontros Missionários", cujo autor é o missionário redentorista Pe. José Marques. Trata-se de uma obra que reflete e aprofunda a dimensão missionária da Igreja. Este livro, com certeza, vem ao encontro da proposta do papa Francisco: "Por uma Igreja em Saída". Além disso, o livro enfoca a preparação e a realização do "Mês Missionário Extraordinário", proposto por papa Francisco, que acontecerá em outubro deste ano.

Padre Marques traz neste livro um projeto e um roteiro de reflexão para os "Encontros Missionários" nas famílias, nas comunidades eclesiais e nos grupos de reflexão.

Todos podem usufruir desta obra que oferece luz, propostas, sugestões práticas, quer para a dinamização da missionariedade da Igreja, quer para a efetivação do "Mês Missionário Extraordinário".

Recordo que nosso autor tem escrito vários livros que são muito apreciados e procurados por sua profundidade e praticidade. Padre Marques sabe unir ciência e fé, razão e coração, reflexão e ação. Espero que vocês, leitores, sintam-se contemplados, ajudados e motivados para a missão e, assim, possam divulgar a importância, a sabedoria e as iluminações que o presente livro proporcionará às pessoas, às comunidades e a toda a Igreja.

Dom Orlando Brandes
Arcebispo de Aparecida

INTRODUÇÃO

Estes **12 encontros** têm dois motivos:

1 - Ser uma oportunidade para a **renovação missionária dos(as) cristãos(ãs) leigos(as)**, em suas paróquias, em tempos de Evangelização.

Se a Igreja é, por natureza, missionária, tudo na paróquia também o é. Promover e formar discípulos-missionários é a missão principal de nossas paróquias.

A Igreja é uma comunidade e a paróquia torna visível o ser Igreja, pois nela acontece a identidade cristã.
Para fazer da paróquia uma "comunidade de comunidades" em estado permanente de saída, é preciso torná-la toda ministerial e missionária.

Toda a liturgia é missionária e prepara para a Missão; "pois conhecer e seguir Jesus é uma graça, e anunciá-lo é nossa maior alegria", lembra o Documento de Aparecida n. 18. Paulo nos lembra que "anunciar o Evangelho... é uma obrigação que me foi imposta" (1Cor 9,16).

2 - Um segundo motivo é que **outubro sempre é o Mês das Missões** para a Igreja católica em todo o mundo, e tempo de despertar a consciência, a vida e as vocações missionárias.

Neste ano de 2019, o papa Francisco convocou um **"Mês Missionário Extraordinário"**. E ele mesmo já comunicou qual será o **TEMA**: "**Batizados e enviados: a Igreja de Cristo em missão no mundo**".

Em carta, enviada aos bispos, a Congregação para a Evangelização dos Povos deu indicações para viver esse evento eclesial, com as seguintes sugestões:

1. Organizar uma **celebração diocesana ou nacional para a abertura** do Mês Missionário Extraordinário;

2. Celebrar a **Vigília Missionária** com o tema proposto pelo Santo Padre;

3. Propor uma **celebração eucarística em âmbito diocesano para o domingo do Dia Missionário Mundial**;

4. Propor que **pequenos grupos de pessoas ou famílias se reúnam pelas casas para rezar o Santo Rosário** com intenções missionárias. Aqui entrariam as reflexões, propostas no decorrer do livro.

5. Promover uma **peregrinação mariana ou a um santuário**, memória de santos ou mártires da missão;

6. Promover **ofertas e doações econômicas para apoiar o trabalho apostólico, 'Missio ad gentes' e a formação missionária**;

7. Propor aos **jovens uma atividade pública de anúncio do Evangelho**;

8. Organizar uma **celebração diocesana ou nacional para o Encerramento** do Mês Missionário Extraordinário de outubro de 2019.

Alegro-me ao ver o tema geral **"Batizados e enviados: a Igreja de Cristo em Missão no mundo"** e ao ver os vários passos que podem ser dados para realizar esse projeto: há encontros de massa e de âmbito pessoal, de interioridade e de doação; e especialmente um trabalho concreto com **os jovens**. Só faltou o trabalho com as **crianças;** talvez pelo fato de que na Europa há poucas crianças.

Obrigado, papa Francisco, por mais esse esforço em favor de uma Igreja mais Missionária, desde as paróquias.

E, diante dessa linda Missão, proposta para nossas paróquias e dioceses, respondendo a um dos pedidos de organizar Grupos de Famílias para orar e refletir, desejando ajudar todos os grupos – é que eu preparo este **"12 Encontros Missionários"**.

Acredito que não haverá dias suficientes para as reflexões; por isso os leitores poderão escolher as que acharem mais importantes. Também, por causa do pouco tempo, apresento um esquema simples e oracional, ao estilo das novenas de Natal.

Estes **12 Encontros Missionários** podem ser usados não só no mês Missionário Extraordinário, em outubro de 2019, mas em qualquer oportunidade evangelizadora.

Muito obrigado, Dom Orlando, por sua apresentação tão importante, linda e por seu apoio de sempre.

Regina, muito agradecido pelas músicas escolhidas. E a todos que me ajudam.

Pe. José Marques Dias, C.Ss.R.

ESQUEMA PARA TODOS OS DIAS

1- Cântico
2- Acolher a todos: "Sejam todos bem-vindos..."
3- Oração inicial, p. 8.
4- Reflexão de cada dia. Terminar respondendo à pergunta
5- Bênção da família e da casa, p. 9.
6- Cântico final
7- Avisos: "Amanhã será na casa de.... Rua... Número..."

ORAÇÃO INICIAL

T.: Em nome do Pai, do Filho e do Espírito Santo. Amém.

T.: Ó Jesus, Missionário do Pai,/ nós vos adoramos e vos bendizemos,/ pelo amor com que nos amais.

Como não poderíamos ir até Deus,/ Jesus veio em missão até nós./ Sendo em tudo igual ao Pai,/ vindo ao mundo/ esvaziou-se de tudo. /Assumiu conosco/ nossas fraquezas e limitações,/ semelhante a nós em tudo, menos no pecado./ Só um amor infinito/ poderia ter feito isso para nos salvar!

Só Jesus,/ Deus e Homem,/ poderia realizar a Missão de salvar a humanidade,/ reunindo todos em uma só família de irmãos./ Só o amor de um Deus/ poderia nos salvar,/ doar-se e sacrificar-se/ por suas amadas criaturas.

Ó missionário do Pai,/viestes para nos comunicar/ que só o Senhor é o caminho da salvação./ Como vós, também nós/ precisamos aprender a nos doarmos,/ praticar a justiça,/ a misericórdia e o amor./

Acompanhai-nos nesta Evangelização Missionária/ e ensinai-nos a ser missionários todos os dias/ e em todos os lugares./ Amém.

BÊNÇÃO DA FAMÍLIA E DA CASA

Ó Jesus,/ Missionário do Pai,/ abençoai esta família e a casa onde eles moram./ Que possam conviver em paz/ e ganhar o pão de cada dia./ Dai-lhes sempre proteção,/ saúde e segurança.

Abençoai todas as Famílias de nosso grupo/ e a todos os que sofrem/ e mais precisam./ Abençoai nossas Comunidades,/ nossa Paróquia,/ nossa Diocese/ e o Mundo inteiro. Amém.

ORAÇÃO MISSIONÁRIA

PAI Nosso,
O teu Filho unigênito Jesus Cristo,
Ressuscitado dentre os mortos,
confiou aos seus discípulos:
"Ide e fazei discípulos todos os povos".
Recorda-nos, que pelo batismo,
tornamo-nos participantes da missão da Igreja.
Pelos dons do Espírito Santo, concedei-nos a Graça
de sermos testemunhas do Evangelho,
corajosos e vigilantes,
para que a missão confiada à Igreja,
ainda longe de estar realizada,
encontre novas e eficazes expressões

que levem vida e luz ao mundo.
Ajudai-nos, Pai Santo,
a fazer com que todos os povos
possam encontrar-se com o amor
e a misericórdia de Jesus Cristo,
Ele que é Deus convosco, vive e reina
na unidade do Espírito Santo,
agora e para sempre. Amém. (POM)
Pai-Nosso / Ave-Maria / Glória ao Pai.

ABREVIAÇÕES DOS DOCUMENTOS DA IGREJA

– DAp: Documento de Aparecida
– Concílio Vaticano II: AG – *Ad Gentes*
– São João Paulo II: RM – *Redemptoris Missio*
– Papa Francisco: EG – *Evangelii Gaudium*

1° DIA: NOSSO DEUS É MISSIONÁRIO

Oração inicial, p. 8.

L. 1: *"Bendito seja o Deus e Pai de nosso Senhor Jesus Cristo"* (Ef 1,3).

Missionário é aquele que sai de si mesmo (da família, da comunidade), e vai ao encontro do outro. Nosso Deus é Missionário. Cremos em um só Deus; mas Deus é uma Família. Desde sempre existe o Pai, o Filho e o Espírito Santo. "Deus é amor" (1Jo 4,8). Jesus é quem nos trouxe essa bonita novidade. Que ensinamento importante.

T.: Nosso Deus é Missionário.

L. 2: Deus Pai se doa eternamente ao Filho. E o Filho se doa eternamente ao Pai. Dessa doação vem o Espírito Santo: Amor eterno entre os dois. Cada pessoa de Deus tem uma Missão. Deus Pai é o Criador; Deus Filho é o Salvador, e o Espírito Santo é o que tudo santifica no amor. Missão interna na SS. Trindade.

T.: Nosso Deus é Missionário.

L. 1: Assim é Deus. Quem ama se doa; vai ao encontro do outro. Doação total entre as pessoas divinas. Missão interna de doação. Mistério de amor e doação que gera vida eterna.

T.: Nosso Deus é Missionário.

L. 2: Deus Amor se doou também à humanidade. Em sua missão criadora, tudo fez para que a humanidade se sentisse amada e aprendesse a amar. Enviado pelo Pai, com a força do Espírito Santo, Jesus veio e se fez homem. Jesus é o Missionário por excelência e modelo da missão.

T.: Nosso Deus é Missionário.

L. 1: Em Jo 3,16 lemos: "Deus mandou seu Filho não para nos condenar, mas para nos salvar". Em Gl 4,4 encontramos que "Deus enviou seu filho, nascido de uma mulher" (Missão de Maria). Deus veio morar em nós pelo batismo e somos seus filhos queridos (1Jo 3,1). São Francisco ensinou que "Deus nunca é bastante", precisamos sempre mais dele. Deus nos ama!

T.: Nosso Deus é Missionário.

L. 2: Diante de Deus, nossas atitudes de fé são:
– Adorar e agradecer, pois Deus existe e nos ama.
– Respeitar seus caminhos na Palavra de Deus.
– Orar e confiar em seu amor eterno.

Nossa missão é fundamentada no amor de Deus, revelado em Jesus. Amados, queremos amar.

T.: Nosso Deus é Missionário.

Pergunta: Por que Deus é amor, misericórdia, perdão?

(Conversar de 2 a 5 minutos)

Rezar a Bênção da família e da casa, p. 9.

2° DIA:
JESUS É O MISSIONÁRIO DO PAI

Oração inicial, p. 8.

L. 1: *"Deus mandou seu Filho ao mundo... para que o mundo seja salvo por Ele"* (Jo 3,17).

Lembrando a missão de Maria; Deus a escolheu não pela aparência, mas pelo coração. Deus a escolheu e, também, preparou-a, diz Santo Afonso. Maria foi a escolhida porque foi nela que o Espírito Santo achou acolhida para Jesus nascer. A missão de Maria foi ser a Mãe do Salvador. Missão que ela assumiu, mesmo sabendo de suas dificuldades, por isso tornou-se a mãe da Esperança.

L. 2: A humanidade estava perdida e sem solução. Incapaz de viver o projeto da Aliança de Deus e em contínua discórdia. Na plenitude de seu amor, Deus Pai enviou seu Filho para que a humanidade tivesse certeza do amor do Pai e de que haveria uma solução fraterna e de Paz.

T.: JESUS é o Missionário do Pai.

L. 1: Por assim dizer, Deus Pai sai de si e nos chama a participar de sua vida e sua glória. Ao povo de Israel, Deus revelou seu plano de amor e de Aliança. Nas dificuldades do povo, Deus sempre se manifestava por sua ação e proteção. Mas o povo não o correspondeu.

L. 2: Só na plenitude dos tempos, Deus, que é santo e nos ama, enviou seu Filho, para experimentar de verdade seu amor e sua misericórdia. Não estamos mais sozinhos e abandonados no mundo.

T.: JESUS é o Missionário do Pai.

L. 1: Em Jesus o Pai nos chama a sermos santos e a conviver com ele para sempre. Jesus, o Missionário do Pai, veio nos trazer a melhor das notícias: "Deus nos ama e quer viver conosco". "Em vós faremos nossa morada" (Jo 14,21).

L. 2: Ao fazer-se um de nós, Jesus assumiu conosco as consequências de nossos pecados, de nossas limitações e dificuldades. Mesmo sendo o Criador, fez-se criatura. E, em seu extremo amor até à morte de cruz, entregou, com seu sangue, seu amor salvador por toda a humanidade. "Tendo amado os seus que estavam no mundo, amou-os até o fim" (Jo 13,1). Pela doação de seu Filho somos também seus filhos adotivos pela fé do Batismo. Ninguém vai ao Pai senão por mim; por isso só Jesus é "o Caminho, a Verdade e a Vida" (Jo 14, 6).

T.: JESUS é o Missionário do Pai.

Pergunta: Por que Jesus é o "maior Missionário" do Pai?
(Conversar de 2 a 5 minutos)

Rezar a Bênção da família e da casa, p. 9.

3° DIA:
SOMOS UMA IGREJA MISSIONÁRIA

Oração inicial, p. 8.

L. 1: *"Farei de vocês pescadores de homens"* (Lc 5,12).

Quando Maria aceitou o convite para ser mãe de Jesus, logo se pôs a caminho e colocou-se a serviço de sua prima Isabel. Um exemplo missionário importante.

L. 2: A Igreja nos lembra no DAp, n. 29: que a história da humanidade é sempre acompanhada pelo olhar compassivo de Deus. Mas, sobretudo na vinda de Jesus, Deus manifestou seu especial e infinito amor a todos. A obra da evangelização (as Missões) não é reservada só ao clero e aos religiosos, mas compete a todos os fiéis cristãos.

T.: Somos uma Igreja Missionária.

L. 1: Nossa inserção na vida de Igreja acontece na fé de nosso Batismo. Mas como, em geral, éramos pequenos, nossos pais e padrinhos é que garantiram a fé por nós. Então surge, na ocasião do sacramento da Crisma, a oportunidade de assumirmos a missão de Jesus, como cristãos.

L. 2: Em todos os batizados atua a força santificadora do Espírito Santo que nos leva a evangelizar. Só quem está unido e apaixonado por Jesus pode levar o imenso amor de Jesus aos irmãos.

T.: Somos uma Igreja Missionária.

L. 1: Não queremos ser uma Igreja que só assiste, mas sim a Igreja que quer participar e ser responsável.

Cada batizado e confirmado é, por direito e por dever, missionário; está em nosso sangue. Se não somos missionários, negamos nossa pertença à Igreja e dizemos "não" a Jesus, que enviou a Igreja toda em missão (Mt 28,19).

L. 2: A alegria do missionário vem de sua fé, da alegria da oração e da certeza do amor misericordioso de Deus.

T.: Somos uma Igreja Missionária.

L. 1: A Igreja de Cristo é missionária por natureza, essa missão nasce da missão de Jesus e do Espírito Santo, segundo o Plano do Pai. Pois a Obra da Salvação de Jesus, pela qual Ele deu a vida, deve ser anunciada até os confins da terra (AG n. 867).

L. 2: Precisamos ser criativos e alegres, desejando sempre a felicidade dos outros. Cristãos acomodados não conseguem ser missionários, pois não conhecem as consequências de seu batismo.

T.: Somos uma Igreja Missionária.

Pergunta: O que falta à maioria dos batizados e crismados para ser Missionário?
(Conversar de 2 a 5 minutos)

Rezar a Bênção da família e da casa, p. 9.

4° DIA:
O CRISTÃO É DISCÍPULO-MISSIONÁRIO

Oração inicial, p. 8.

L. 1: *"Ide, pois, fazer discípulos entre todas as nações, e batizai-os em nome do Pai, do Filho e do Espírito Santo"* (Mt 28,19).

Em nosso batismo começou nossa missão. Por isso a Igreja pede, ao sermos batizados, que os pais e os padrinhos nos representem.

L. 2: Pelo Batismo somos seguidores e discípulos de Cristo, prontos sempre a aprender em seu seguimento. Assim sendo, devemos estar sempre dispostos a acolher a Boa-Nova do Evangelho de Jesus que recebemos da Igreja, em nossa catequese; e mais, jamais deixarmos de ser discípulos, porque sempre temos algo novo para conhecer em nosso caminho e em nossa busca de ser fiéis a Deus e aos irmãos.

T.: Todo cristão é discípulo amado.

L. 1: Na medida em que conhecemos Jesus e por Ele nos apaixonamos, não podemos deixar de falar dele, de seu amor e de sua misericórdia.

Mas é, sobretudo, a partir da Crisma, que o Espírito Santo nos faz Missionários e envia-nos em missão, cada qual no lugar que o Senhor nos confiou.

L. 2: Somos "discípulos-missionários", pois quem recebe deve partilhar; ouvimos e devemos proclamar; aprendemos e devemos levar o aprendizado aos outros.

T.: Todo cristão é discípulo amado.

L. 1: Mas cuidado com a acomodação e a omissão! Não podemos parar e nos dar por satisfeitos com o obtido; pois Jesus é o Senhor da Messe, e sempre quer mais operários em sua messe.

L. 2: A Igreja tem a missão de alimentar a fé do Povo de Deus. Devemos seguir Jesus e viver em intimidade com Ele e enraizados nele.

Precisamos também convocar cada o cristão batizado a ser discípulo-missionário de Jesus Cristo. Imitando o exemplo de Jesus, precisamos estar em "missão de saída" e dar testemunho de sua vitória, buscando os que mais precisam.

T.: Todo cristão é discípulo amado.

Pergunta: Por que tantos gostam de receber dons e bens de Cristo e da Igreja, mas não se dispõem a partilhar os dons e bens com os outros?

(Conversar de 2 a 5 minutos)

Rezar a Bênção da família e da casa, p. 9.

5° DIA: A MISSÃO COMEÇA NA COMUNIDADE

Oração inicial, p. 8.

L. 1: *"Era preciso anunciar a Palavra de Deus primeiro a vós. Mas, como a rejeitais... sabei que nos vamos dirigir aos pagãos"* (At 13,46).

Depois do Batismo, nossa missão se fortaleceu pela Eucaristia. Mas é no sacramento da Crisma que assumimos ser apóstolos-testemunhas de Jesus Cristo. Nessa hora, a Comunidade precisa e conta com nosso assumir concreto e generoso.

L. 2: O Batismo de Jesus é o começo de sua Missão pública. Depois, em sua igreja (Sinagoga), de Nazaré, Jesus propõe seu programa (Lc 4,16ss).

T.: A missão começa na comunidade.

L. 1: E Jesus ia pelas estradas das cidades e vilas anunciando que Deus é Pai amoroso. Jesus nos ensinou a conhecê-lo. "O Reino de Deus está próximo. Convertei-vos e crede no Evangelho." É preciso que nossa vida mude e que aprendamos a viver como irmãos.

L. 2: O direito de conhecer a mensagem salvadora de Jesus não é de uma parte só da humanidade, mas de todos. Muitos nunca ouviram falar de Jesus! Não podemos ficar indiferentes a isso e sermos omissos. A Igreja tem a missão de anunciar o Evangelho de Jesus Cristo a todos, mas sem, jamais, impô-lo.

T.: A missão começa na comunidade.

L. 1: As atitudes do verdadeiro missionário são:
- despertar,
- colocar-se à disposição,
- renunciar,
- proclamar.

L. 2: Anunciar a proposta de Jesus sem alegria e entusiasmo, de modo triste e desiludido, não anima ninguém e é perda de tempo. Só quem está unido e apaixonado por Jesus pode levar o imenso amor de Jesus aos irmãos. Precisamos ser criativos e alegres, desejando sempre a felicidade dos outros.

T.: A missão começa na comunidade.

L. 1: Ser cristão é ser comprometido.

Quando participamos na comunidade e contribuímos em algum ministério da comunidade, colaborando e rezando pelos missionários, participamos da missão deles e da nossa. Mas cada um precisa fazer sua parte.

L. 2: As dificuldades não podem deixar-nos inativos e pessimistas, devemos confiar na força que vem da fé. "Eu estarei convosco todos os dias" (Mt 28,20). Quantas crianças sem catequese? Quantos casais sem sacramentos?

T.: A missão começa na comunidade.

Pergunta: É bom se dedicar às pastorais de sua comunidade. Quando convidado (a) você aceitou ou não?

(Conversar de 2 a 5 minutos)

Rezar a Bênção da família e da casa, p. 9.

6° DIA:
IR ATÉ AS PESSOAS ONDE ELAS ESTÃO

Oração inicial, p. 8.

L. 1: "*Paulo enviou à Macedônia dois de seus ajudantes, Timóteo e Erasto e ficou por algum tempo na Ásia. ... Estourou um grave tumulto a respeito do 'Caminho'*" (At 19,22ss).

Maria, ao dar seu "sim", deu-o para a vida toda. Em primeiro lugar foi ajudar sua prima Isabel, e, depois, acompanhou Jesus até à Cruz.

L. 2: Jesus, ao entrar em nossa história, compartilhou totalmente nossa vida com suas alegrias e sofrimentos. Acompanhou a vida e as dificuldades de seu povo. Não é só chamado de Nazareno, pois sua missão foi reunir os filhos de Deus dispersos (Jo 11,52).

T.: Ir onde as pessoas estão.

L. 1: Da mesma forma que Jesus andou nas estradas poeirentas da Palestina, preciso ir a outras aldeias e cidades. Jesus traçou um caminho e foi fiel a Ele. Não convém que um profeta morra fora de Jerusalém. Os cristãos também foram chamados de seguidores do "Caminho".

L. 2: A Igreja do Brasil é uma Igreja missionária. Está presente nos cinco continentes, especialmente na África e na Ásia.

T.: Ir onde as pessoas estão.

L. 1: Mas também é importante o projeto das "Igrejas-irmãs", onde as Igrejas com mais condições ajudam as mais pobres, também no campo da formação dos padres e leigos. "Jesus quer servir-se de nós para chegar mais perto de seu povo amado", diz papa Francisco (EG n. 268).

L. 2: O papa São João Paulo II ensina-nos que a missão da Igreja tem a tarefa de anunciar Jesus Cristo a todos os povos (RM n. 35). Devido ao aumento demográfico e à variada de culturas, tal missão está longe de ser concluída. Mas as dificuldades não podem deixar-nos inativos e pessimistas, para isso, basta confiar na força que vem da fé.

T.: Ir onde as pessoas estão.

L. 1: Geralmente, nós nos acomodamos, e sair ao encontro do outro, muitas vezes, achamos cansativo e sempre exige renúncias. A Igreja nos lembra, no DAp n. 29, que a história da humanidade é sempre acompanhada pelo olhar compassivo de Deus.

L. 2: Quando participamos na comunidade e contribuímos em algum ministério da comunidade, colaborando e rezando pelos missionários, participamos da missão deles e da nossa. Mas cada um fazendo sua parte.

T.: Ir onde as pessoas estão.

Pergunta: Você se considera missionário onde vive e trabalha? Já ajudou alguma Campanha Missionária em outros países?
(Conversar de 2 a 5 minutos)

Rezar a Bênção da família e da casa, p. 9.

7° DIA:
A MISSÃO COMEÇA EM CASA, NA FAMÍLIA

Oração inicial, p. 8.

L. 1: *"Desde criança conheces as Escrituras Sagradas. Elas têm o poder de te comunicar a sabedoria que conduz à salvação pela fé no Cristo Jesus"* (2Tm 3,15).

Jesus quis nascer em uma família humana, como todos nós. A família de Nazaré é modelo e exemplo para nossas famílias. Jesus era obediente e crescia em sabedoria, ciência e graça diante de Deus e dos homens. Maria conservava tudo em seu coração. José, o homem justo, atento e bondoso.

L. 2: Há, ainda hoje, um número grande de famílias que se amam e se respeitam, que vivem sua fé cristã, e todos participam da comunidade. Há verdadeiras famílias santas no trabalho, na profissão e na comunidade.

T.: A Missão começa em casa.

L. 1: Mas há também grande número de famílias divididas por tantas coisas e, também, pela fé. Jesus muito pediu pela união das famílias e sempre pediu a união de todos os cristãos (Mt 19,6; Jo 17,21).

L. 2: A ausência de Cristo é a maior de todas as formas de pobreza; pois Deus é nossa maior riqueza, ensina papa Francisco. Quantas brigas infantis por causa da imaturidade e por causa de religião!

T.: A Missão começa em casa.

L. 1: Somos convidados a trabalhar para que tal situação seja mudada. Não se trata de impor o Evangelho de Jesus de qualquer modo e à força; mas de sermos capazes de propô-lo e anunciá-lo com o testemunho da alegria e coerência.

L. 2: Não podemos esquecer que os pais são os mais importantes missionários e catequistas dos filhos, pois a fé é um tesouro precioso a repartir com a família. Às vezes, os frutos demoram a aparecer, principalmente na juventude, mas a seu tempo eles aparecerão.

T.: A Missão começa em casa.

L. 1: Deus ama as famílias e é Ele que as uniu, apesar de tantas dificuldades! E a Igreja sempre tem uma palavra e orientação para elas.

L. 2: A oração nas famílias é a maior força para superar os problemas e abrir o caminho da esperança. Oração, diálogo e paciência são os meios mais eficazes para a paz nas famílias.

T.: A Missão começa em casa.

Pergunta: Podemos fazer milagres em nossa casa e em nossa família?
(Conversar de 2 a 5 minutos)

Rezar a Benção da família e da casa, p. 9.

8° DIA:
A MISSÃO É TESTEMUNHO

Oração inicial, p. 8.

L. 1: *"Aquele que conduz à vida, vós o matastes, mas Deus o Ressuscitou dos mortos, e disto nós somos testemunhas"* (At 3,15).

"Sereis minhas testemunhas" (At 5,32). Maria conhecia a Palavra de Deus que prometia o Messias; só que não sabia que seria ela a escolhida. Mesmo sem entender, soube acolher o pedido de Deus. O testemunho de Maria sempre animou Jesus e, depois, a Comunidade dos Apóstolos.

L. 2: Jesus precisa ser anunciado por gestos e palavras. De todos os meios e modos, e o mais importante é pelo testemunho e exemplo. As pessoas não querem doutrinas, mas testemunho pessoal, com boa acolhida, relacionamento fraterno e vivência concreta de fé.

T.: A Missão é testemunho.

L. 1: Hoje, há imensos problemas em todas as áreas, mas a presença e o apoio confortam demais. "As palavras voam, o exemplo arrasta."

L. 2: O testemunho pessoal é tão importante como o comunitário. Se uma comunidade é egoísta, fechada e não pratica o que reza e anuncia, como vai fazer acreditar no amor de Jesus? Por isso é importante que a liderança seja muito preparada e que essa pessoa seja capaz de trabalhar em equipe.

T.: A Missão é testemunho.

L. 1: Em Atos 2,44ss vemos que as primeiras comunidades cuidaram muito de criar a fraternidade entre os membros, para não haver pobres e necessitados entre eles. Seu exemplo tornou-se modelo para todas as comunidades e atraía mais pelo testemunho do que pelas palavras.

L. 2: Sua capacidade de compreensão e de acolhimento, sua comunhão de vida e de união faz as pessoas se perguntarem por que são diferentes? Quem as orienta e as guia?

T.: A Missão é testemunho.

L. 1: Cada cristão e cada comunidade só é missionária quando vive o Evangelho e o testemunha, e quando cuida dos que se encontram em maiores dificuldades.

L. 2: Papa Francisco pede "A alegria de Evangelizar" no EG n. 99: "Aos cristãos quero pedir de modo especial um testemunho de comunhão fraterna, que se torne fascinante e resplandecente. Que todos possam admirar como vos preocupais uns pelos outros".

T.: A Missão é testemunho.

Pergunta: O cristão é mais missionário pela palavra ou pelo testemunho?
(Conversar de 2 a 5 minutos)

Rezar a Bênção da família e da casa, p. 9.

9° DIA: LIDERANÇA NA MISSÃO

Oração inicial, p. 8.

L. 1: *"Pareceu bem aos apóstolos e aos anciãos, de acordo com toda a comunidade de Jerusalém, escolher alguns da comunidade para mandá-los a Antioquia, com Paulo e Barnabé"* (At 15,22).

Vivemos em sociedade e somos seres sociais; não somos ilhas. Como qualquer sociedade, a Comunidade precisa de quem a oriente e conduza. Os Coordenadores e responsáveis são o ponto de união e animação da Comunidade.

L. 2: Jesus é o maior líder e deu exemplo. "Eu vim não para ser servido, mas servir" (Mc 10,45).

T.: Rezemos por nossas lideranças.

L. 1: E Jesus deixou também *orientações claras* para *toda a comunidade*. "Quem entre vós quiser ser o maior, seja o servidor de todos" (Mt 23,11). As orientações de Jesus estão em Lc 9,1 e Mt 10,1ss.

Coordenar não é fácil, mas sempre podemos aprender quando queremos.

L. 2: *Coordenar é uma arte e um dom*; e vivemos uma crise de autoridade. O *autoritarismo* e o *machismo* são um imenso abuso da autoridade, e são sinais de prepotência, de egoísmo e de orgulho.

T.: Rezemos por nossas lideranças.

L. 2: Nos grupos cristãos sempre haverá: *oração* – busca de **aumentar a fé** (Bíblia) – e a **luta pela vida** e pela justiça.

L. 1: Coordenar, pois, é fazer com que tudo corra em ordem e que as pessoas participem e sintam-se bem. Acreditar no que se está fazendo. Saber que nada se faz sem dificuldades e luta; só Deus é perfeito!

T.: Rezemos por nossas lideranças.

Pergunta: O que é mais importante para ser um bom coordenador(a)?
(Conversar de 2 a 5 minutos)

Rezar a Bênção da família e da casa, p. 9.

10° DIA:
MARIA É A PRIMEIRA MISSIONÁRIA

Oração inicial, p. 8.

L. 1: *"Maria partiu apressadamente para a região montanhosa, dirigindo-se a uma cidade de Judá"* (Lc 1,39).

Maria de Nazaré teve uma missão única na história da salvação, concebendo, educando e acompanhando seu Filho até seu sacrifício definitivo. Ela se torna filha bendita por meio de seu amado Filho!

L. 2: É *a primeira discípula* de seu Filho Jesus Cristo. "Fazei tudo o que Ele vos disser", Maria nos ensina nas bodas de Caná (Jo 2,4).

T.: Maria é a primeira Missionária.

L. 1: Maria de Nazaré **nos ensina a ter fé**. Ela conservava no coração tudo o que ouvia e via, por isso foi feliz, porque acreditou (Lc 1,45). Ela acolheu o Verbo encarnado em seu ventre e, a partir de então, passou a realizar a peregrinação da fé seguindo seu Filho.

L. 2: Maria está sempre envolta dessa presença do mistério divino, desde seu SIM, pelo qual se tornou a mãe do Salvador (Lc 1,26-38) até seu SIM dolorido e sofrido aos pés da cruz de Jesus (Jo 19,25-27).

T.: Maria é a primeira Missionária.

L. 1: Maria é a primeira Missionária, que cumpriu a maior missão, que foi conceber Jesus, o Salvador. Maria é também a primeira evangelizada (Lc 1,26-38) e a primeira evangelizadora ao visitar Isabel (Lc 1,39-56).

L. 2: Maria de Nazaré é a máxima realização da existência cristã como um viver trinitário de "filhos no Filho", por meio de sua fé (cf. Lc 1,45).

T.: Maria é a primeira Missionária.

L. 1: Gravando tudo em seu coração, Maria, em sua constante meditação da Palavra e das ações de Jesus (Lc 2,19-51), torna-se a discípula mais perfeita do Senhor.

L. 2: Aprendemos que ser missionário é ser como Maria, pois ela se dispôs a lançar-se na grande aventura de crer, e com ela, como afirma São João Paulo II, "aprendei também vós a dizer o 'SIM' de adesão plena, alegre e fiel à vontade do Pai e ao seu projeto de amor".

T.: Maria é a primeira Missionária.

L. 1: Reconhecemos em Maria o autêntico itinerário que cada batizado deve trilhar para viver como missionário.

L. 2: Maria de Nazaré é a mais perfeita missionária da Igreja. Maria torna-se o primeiro membro da comunidade dos crentes em Cristo e se faz colaboradora no renascimento espiritual dos discípulos, assim como é a primeira evangelizadora da Igreja. "Fazei tudo o que Ele vos disser" (Jo 2,5).

T.: Maria é a primeira Missionária.

L. 1: A Virgem Maria, a discípula mais perfeita de Jesus, tornou-se também a mais perfeita missionária da Igreja, Mãe de todos nós, discípulos-missionários de Cristo.

T.: Maria é a primeira Missionária.

Pergunta: Qual é a maior Missão de Maria?
(Conversar de 2 a 5 minutos)

Rezar a Bênção da família e da casa, p. 9.

11° DIA:
MISSÃO DOS JOVENS

Oração inicial, p. 8.

L. 1: *"Eu vos escrevi, Jovens, porque sois fortes, e a Palavra de Deus permanece em vós, e já vencestes o maligno"* (1Jo 2,14).

Os Jovens são uma bênção para a família e para a Comunidade. Para a juventude é tempo de grandes escolhas e mudanças. É uma fase difícil.

L. 2: Há jovens com problemas pessoais e com problemas causados por suas companhias. Rezar pelos jovens e acompanhá-los é sempre importante.

T.: Os jovens são muito importantes.

L. 1: O Tema do Mês Missionário, "A Igreja de Cristo em Missão", propõe um trabalho evangelizador pelos jovens.

L. 2: Dentro de minha experiência missionária, acredito que há duas finalidades importantes para reunir os jovens:

1 – Buscar a união para melhor se conhecerem e se unirem por meio da música.

2 – Fazer algo para ajudar os mais pobres.

T.: Os jovens são muito importantes.

L. 1: Como "Jovem é que evangeliza Jovem" eles precisam de uma equipe de jovens para organizar a evangelização entre eles. Entendo também que é importante a busca de apoio de um casal, escolhido por eles.

L. 2: Na missão dos jovens, é importante o trabalho de visitação (para convidar outros jovens). Também é importante convidar jovens para gincanas e encontros musicais e oracionais.

T.: Os jovens são muito importantes.

L. 1: A Palavra de Deus traz orientações para o agir dos jovens, seja na família ou na Comunidade: Mt 19,16ss e 1Jo 2,12ss. É bom lê-los.

L. 2: Hoje, não podemos esquecer que "a Igreja será jovem se os jovens forem Igreja". Devemos valorizar a preparação do sacramento da Crisma e, depois, fazer com que cada jovem assuma uma pastoral na comunidade.

T.: Os jovens são muito importantes.

L. 1: *O Sínodo dos Jovens*, em Roma, e a *Jornada Mundial da Juventude* são uma grande abertura para a participação dos jovens na Igreja.

T.: Os jovens são muito importantes.

Pergunta: Como podemos motivar a participação dos jovens?
(Conversar de 2 a 5 minutos)

Rezar a Bênção da família e da casa, p. 9.

12° DIA:
A MISSÃO DAS CRIANÇAS

Oração inicial, p. 8.

L. 1: *"Jesus ia crescendo em sabedoria, tamanho e graça diante de Deus e dos homens"* (Lc 2, 52).
As crianças são um dom de Deus para suas Famílias e para nossas Comunidades. É a vida que renasce!

L. 2: No Brasil, decresceu muito a taxa de natalidade, muitas famílias se contentam em ter um só filho e alguns poucos se contentam com dois filhos.

T.: As crianças são uma bênção.

L. 1: A maior bênção dos filhos é a união de seus pais, e nada os podem substituir. Mas são muitos os que são criados pelos avós ou parentes.

L. 2: Nossas Comunidades são formadas praticamente pelas pessoas da terceira idade. Que futuro temos? Investir nas crianças é nossa grande obrigação.

T.: As crianças são uma bênção.

L. 1: Lendo a orientação para o Mês Missionário, não vi nenhuma referência a respeito das crianças; é que na Europa não há mais muitas crianças, por isso foram esquecidas.

L. 2: Mas, em nosso Brasil, ainda temos bastantes crianças, e devemos tratá-las com muito carinho e acolhida.

T.: As crianças são uma bênção.

L. 1: Entendo que as missas para as crianças são um momento importante para elas se sentirem perto de Jesus. É nas crianças que está o futuro de nossas Comunidades e vocações.

L. 2: Jesus gostava de acolher as crianças e de valorizá-las; nesses tempos, as crianças não eram muito valorizadas.

T.: As crianças são uma bênção.

L. 1: Mas Jesus propõe as crianças como modelo para nosso caminho para Deus. Como as crianças, devemos ser mais humildes e simples.

L. 2: Como é importante a catequese em nossas comunidades! Apoiar nossa catequese é obrigação de todas as famílias e Comunidades. Obrigado a todos os catequistas!

T.: As crianças são uma bênção.

Pergunta: O que fazer para valorizar as crianças na Comunidade?
(Conversar de 2 a 5 minutos)

Rezar a Bênção da família e da casa, p. 9.

CÂNTICOS

1. UM DIA ESCUTEI
1. Um dia escutei teu chamado, divino recado, batendo no coração. Deixei desta vida as promessas e fui bem depressa no rumo da tua mão.
Tu és a razão da jornada, tu és minha estrada, meu guia e meu fim. No grito que vem do meu povo, te escuto, de novo, chamando por mim.
2. Os anos passaram ligeiro, fiz-me um obreiro no reino de paz e amor. Nos mares do mundo navego e às redes me entrego, tornei-me teu pescador.
3. Embora tão fraco e pequeno, caminho sereno com a força que vem de ti. A cada momento que passa, revivo esta graça de ser teu sinal aqui.

2. VOCAÇÃO
1. Se ouvires a voz do vento chamando sem cessar, se ouvires a voz do tempo mandando esperar.
A decisão é tua, a decisão é tua. São muitos os convidados, são muitos os convidados, quase ninguém tem tempo, quase ninguém tem tempo.
2. Se ouvires a voz de Deus chamando sem cessar, se ouvires a voz do mundo querendo te enganar.
3. O trigo já se perdeu. Cresceu, ninguém colheu. E o mundo passando fome, passando fome de Deus.

3. HÁ UM BARCO ESQUECIDO...
1. Há um barco esquecido na praia, já não leva ninguém a pescar. É o barco de André e de Pedro, que

partiram pra não mais voltar. Quantas vezes partiram seguros, enfrentando os perigos do mar: era chuva, era noite, era escuro, mas os dois precisavam pescar.

De repente, aparece Jesus, pouco a pouco se acende uma luz. É preciso pescar diferente, que o povo já sente que o tempo chegou. E partiram sem mesmo pensar no perigo de profetizar.

Há um barco esquecido na praia... Um barco esquecido na praia... Um barco esquecido na praia...

2. Há um barco esquecido na praia, já não leva ninguém a pescar. É o barco de João e Tiago, que partiram pra não mais voltar. Quantas vezes, em tempos sombrios, enfrentando os perigos do mar, barco e rede voltavam vazios, mas os dois precisavam pescar.

De repente, aparece Jesus, pouco a pouco se acende uma luz. É preciso pescar diferente, que o povo já sente que o tempo chegou. E partiram sem mesmo pensar no perigo de profetizar.

3. Quantos barcos deixados na praia. Entre eles o meu deve estar. Era barco dos sonhos que eu tinha, mas eu nunca deixei de sonhar. Quanta vez enfrentei o perigo, no meu barco de sonho a singrar. Jesus Cristo remava comigo: eu no leme, Jesus a remar...

De repente envolve-me uma luz e eu entrego meu leme a Jesus. É preciso pescar diferente, que o povo já sente que o tempo chegou. E partimos pra onde ele quis. Tenho cruzes, mas vivo feliz.

4. A BARCA

1. Tu, te abeiraste da praia, não buscaste nem sábios nem ricos, somente queres que eu te siga!

Senhor, tu me olhaste nos olhos. A sorrir, pronunciastes meu nome. Lá na praia, eu larguei o meu barco. Junto a ti, buscarei outro mar...

2. Tu sabes bem que em meu barco eu não tenho nem ouro nem espadas, somente redes e o meu trabalho.

3. Tu, minhas mãos solicitas, meu cansaço que a outros descanse, amor que almeja seguir amando.

4. Tu, pescador de outros lagos, ânsia eterna de almas que esperam, bondoso amigo, que assim me chamas.

5. OS GRÃOS QUE FORMAM

1. Os grãos que formam espigas se unem pra serem pão, os homens que são Igreja, se unem pela oblação.

Diante do altar, Senhor, entendo minha vocação. Devo sacrificar a vida por meus irmãos.

2. O grão caído na terra só vive se vai morrer. É dando que se recebe, morrendo se vai viver.

ÍNDICE

Apresentação 3

Introdução 5

Esquema para todos os dias 8

Oração inicial 8

Bênção da família e da casa 9

Oração missionária 9

Abreviações dos documentos da Igreja 10

1º dia: Nosso Deus é missionário 11

2º dia: Jesus é o missionário do pai 13

3º dia: Somos uma Igreja missionária 15

4º dia: O cristão é discípulo-missionário 17

5º dia: A missão começa na comunidade 19

6º dia: Ir até as pessoas onde elas estão 21

7º dia: A missão começa em casa, na família 23

8º dia: A missão é testemunho 25

9º dia: Liderança na missão 27

10º dia: Maria é a primeira missionária 29

11º dia: Missão dos jovens 32

12º dia: A missão das crianças 34

Cânticos 36

A marca FSC® é a garantia de que a madeira utilizada na fabricação do papel deste livro provém de florestas que foram gerenciadas de maneira ambientalmente correta, socialmente justa e economicamente viável.

Este livro foi composto com as famílias tipográficas Segoe e Adam
e impresso em papel Offset 75g/m² pela **Gráfica Santuário.**